¿Qué sigue?

Bobbie Kalman

Crabtree Publishing Company

www.crabtreebooks.com

Creado por Bobbie Kalman

Para Reagan Miller, todo mi agradecimiento.
No podría haber escrito estos libros sin tu ayuda.

Autora y editora en jefe
Bobbie Kalman

Editor de proyecto
Robert Walker

Editoras
Reagan Miller
Robin Johnson

Investigación fotográfica
Crystal Sikkens

Coordinadora de producción
Margaret Amy Salter

Técnico de Prepress
Kenneth Wright

Consultor lingüístico
Dr. Carlos García, M.D., Maestro bilingüe de Ciencias,
 Estudios Sociales y Matemáticas

Ilustraciones
Barbara Bedell: páginas 15, 23

Fotografías
© BigStockPhoto.com: página 19 (rana arbórea)
© Dreamstime.com: página 1 (rana)
© iStockphoto.com: página 4
© 2008 Jupiterimages Corporation: páginas 18 (parte inferior izquierda),
 23 (zorro ártico)
© ShutterStock.com: portada, páginas 1 (fondo), 3, 5, 6, 7, 8, 9, 10, 11,
 12, 13, 14, 15, 16, 17, 18 (todas excepto la parte inferior izquierda),
 19 (todas excepto la rana arbórea), 20, 21, 22 (todas excepto el
 perro y el caballo), 23 (todas excepto el zorro ártico), 24 (todas
 excepto el perro y el caballo)
Otras imágenes de Photodisc

Traducción
Servicios de traducción al español y de composición de textos
 suministrados por translations.com

Library and Archives Canada Cataloguing in Publication

Kalman, Bobbie, 1947-
 ¿Qué sigue? / Bobbie Kalman.

(Observar la naturaleza)
Includes index.
Translation of: What comes next?
ISBN 978-0-7787-8727-3 (bound).--ISBN 978-0-7787-8736-5 (pbk.)

 1. Pattern perception--Juvenile literature. I. Title. II. Series:

Kalman, Bobbie, 1947- . Observar la naturaleza.

BF294.K3518 2009   j152.14'23   C2008-902920-8

Library of Congress Cataloging-in-Publication Data

Kalman, Bobbie.
 [What comes next? Spanish]
 ¿Qué sigue? / Bobbie Kalman.
  p. cm. -- (Observar la naturaleza)
 Includes index.
 ISBN-13: 978-0-7787-8736-5 (pbk. : alk. paper)
 ISBN-10: 0-7787-8736-2 (pbk. : alk. paper)
 ISBN-13: 978-0-7787-8727-3 (reinforced library binding : alk. paper)
 ISBN-10: 0-7787-8727-3 (reinforced library binding : alk. paper)
 1. Pattern perception--Juvenile literature. I. Title. II. Series.

BF294.K3618 2009
153.7'5--dc22

                          2008019560

Crabtree Publishing Company

www.crabtreebooks.com   1-800-387-7650

Copyright © 2009 CRABTREE PUBLISHING COMPANY. Todos los derechos reservados. Se prohíbe la reproducción total o parcial de esta obra, su almacenamiento en un sistema de recuperación o su transmisión en cualquier forma y por cualquier medio, ya sea electrónico o mecánico, incluido el fotocopiado o grabado, sin la autorización previa por escrito de Crabtree Publishing Company. En Canadá: Agradecemos el apoyo económico del gobierno de Canadá a través del programa *Book Publishing Industry Development Program* (Programa de desarrollo de la industria editorial, BPIDP) para nuestras actividades editoriales.

Publicado en Canadá
Crabtree Publishing
616 Welland Ave.
St. Catharines, Ontario
L2M 5V6

Publicado en los Estados Unidos
Crabtree Publishing
PMB16A
350 Fifth Ave., Suite 3308
New York, NY 10118

Publicado en el Reino Unido
Crabtree Publishing
White Cross Mills
High Town, Lancaster
LA1 4XS

Publicado en Australia
Crabtree Publishing
386 Mt. Alexander Rd.
Ascot Vale (Melbourne)
VIC 3032

Impreso en Canadá

Contenido

¿Qué sigue?

En este libro te pedimos que mires de cerca algunas imágenes. Piensa en lo que ves. Luego responde las preguntas. ¿Puedes adivinar qué sigue?

En esta fotografía, hay un ratón encima de un gato.

En la fotografía de arriba, hay un gato encima de un perro. En la fotografía de abajo, hay un perro y un caballo. ¿Qué crees que sigue?
Si no lo sabes, busca la respuesta
en la página 22.

¿Qué color es?

Mira el arco iris que hay en esta
página. Los colores del arco iris
son rojo, anaranjado, amarillo,
verde, azul y morado.

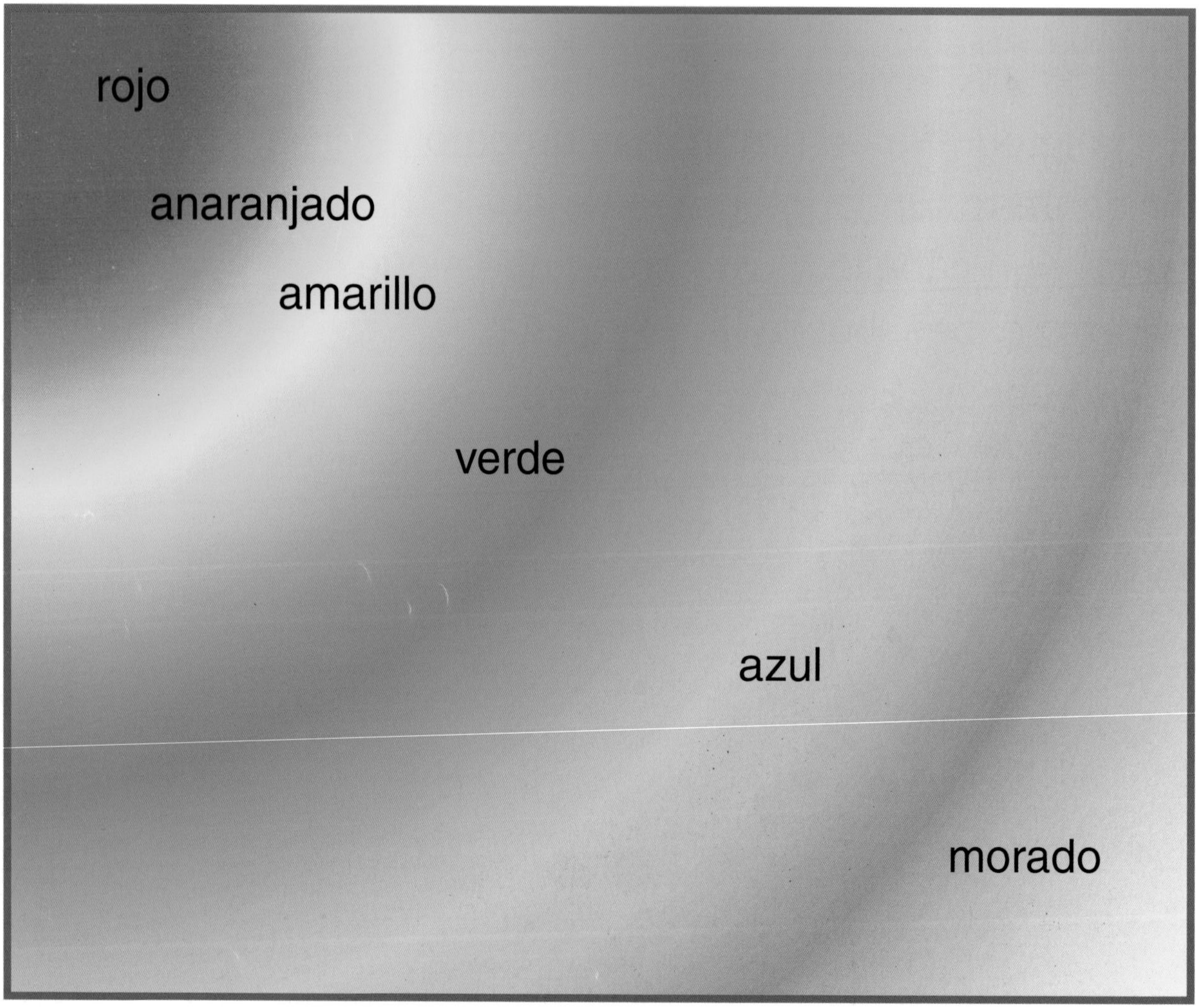

rojo

anaranjado

amarillo

verde

azul

morado

Esta flor tiene tres colores del arco iris. ¿Cuáles son?

¿Ves el siguiente color del arco iris en el lagarto o en el pez?

¿Cuántas partes tiene?

Algunas cosas están formadas por partes.
El caracol tiene un solo pie. ¿Cuántas alas
tiene el murciélago?

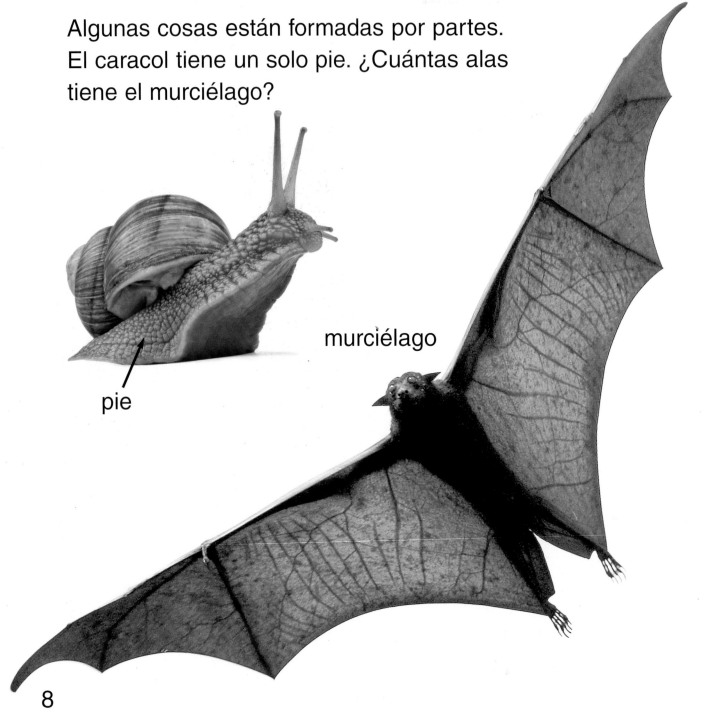

pie

murciélago

¿Cuántas partes tiene este trébol? ¿Qué sigue? ¿La estrella de mar o el ciervo?

trébol

ciervo

¿Cuántas patas tiene el ciervo?

estrella de mar

¿Cuántos brazos tiene la estrella de mar?

Grande y pequeño

Mira los animales de esta página. El elefante es el más grande. ¿Cuál es el animal más grande después del elefante?

elefante

tigre

hipopótamo

¿El segundo animal más grande es el tigre o el hipopótamo?

ratón

rata

¿Cuál es el animal más pequeño de esta página? ¿Cuál es el más grande? Ordena los animales de menor a mayor.

perro

gatito

11

¿Qué conjunto sigue?

Estos tres pollitos forman un **conjunto**. Este conjunto de pollitos está formado por dos pollitos amarillos y uno negro en medio.

¿Cuántos pollitos hay en el conjunto dos?
¿En que se diferencia el conjunto dos del uno?

③

¿En que se parecen los pollitos del conjunto tres
y del conjunto uno? ¿En qué se diferencian?

④

¿Qué conjunto sigue? ¿El conjunto cuatro o el cinco?

⑤

13

¿Qué estación es?

Muchas personas viven en lugares donde hay cuatro **estaciones**. Las cuatro estaciones son invierno, primavera, verano y otoño. ¿Qué estación aparece en cada una de estas imágenes?

¿En qué estación crecen las flores porque ya no hay nieve?

En esta estación, voy a la playa a nadar y a jugar. No tengo que ir a la escuela.

En esta estación, uso ropa abrigada. Me gusta esquiar en la nieve.

¿Cuándo se caen las hojas de los árboles? ¿Puedes nombrar esta estación?

Animales en invierno

Los animales que viven en lugares donde hay cuatro estaciones tienen que mantenerse calientes durante el invierno. Algunos animales duermen largas siestas durante el invierno. A algunos animales les crece pelaje grueso o plumas. Otros animales se van en otoño a lugares más cálidos y regresan en primavera.

②

③

1. ¿Qué hacen las ardillas terrestres en invierno?
2. ¿Los gansos canadienses duermen todo el invierno? ¿Qué hacen estos animales a continuación?
3. ¿Qué sucede con el zorro ártico cuando hace mucho frío?

¿Cómo se verán?

Los animales son **seres vivos**. Los seres vivos crecen y cambian. Estas crías cambiarán a medida que crezcan. ¿Cómo se verán las crías que ves en esta página cuando sean adultos? Mira los animales de la página 19.

Relaciona cada cría de la página 18 con el animal **adulto** correcto de esta página. Un animal adulto ya terminó de crecer.

A

B

C

D

Grandes cambios

Esta fotografía muestra los cambios en la vida de la mariposa monarca. La mariposa monarca comienza su vida dentro de un huevo. Cuando sale del huevo es una **oruga**. La oruga crece. Luego se cuelga de un árbol y fabrica una cáscara dura a su alrededor. Esta cáscara se llama **crisálida**. La mariposa monarca sale de la crisálida.

mariposa
monarca

oruga

huevos

crisálida

20

1. ¿Cómo cambió la crisálida? Mira la crisálida de la página 20.
2. ¿Por qué la mariposa debe esperar después de salir de la crisálida?
3. ¿Qué hace luego?
   Mira la página 23.

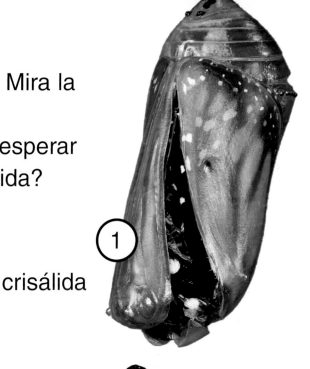

crisálida

Respuestas

En estas páginas verás qué seguía a cada cosa.
Aquí están las respuestas a las preguntas del libro.

Página 3

Esta niña sostiene una gran pila de libros. ¿Qué sigue? ¡Los libros se caen al suelo!

Página 5

El ratón está encima del gato. El gato está encima del perro. ¿Qué sigue? El perro se trepará al caballo, ¡por supuesto!

Página 7

Los colores de la flor son rojo, anaranjado y amarillo. El lagarto es verde. Ese color es el que sigue en el arco iris.

Página 9

El ciervo tiene cuatro patas. Sigue después del trébol, que tiene tres hojas.

Página 10

El hipopótamo es el segundo animal más grande.

Página 11

El orden de menor a mayor es: ratón, rata, gatito y perro.

Páginas 12 y 13

El próximo conjunto de pollitos es el cuatro.

Páginas 14 y 15

Las estaciones que aparecen en las fotografías son: primavera, verano, invierno y otoño.

Páginas 18 y 19

Los pares correctos de crías y adultos son los siguientes: 1-C, 2-B, 3-A y 4-D.

Páginas 16 y 17

1. Las ardillas terrestres duermen todo el invierno.
2. Los gansos canadienses vuelan a lugares más cálidos.
3. A los zorros árticos les crece un pelaje blanco y grueso.

gansos

zorro ártico

Páginas 20 y 21

1. La crisálida se volvió transparente.
2. Las alas de la mariposa están húmedas cuando sale de la crisálida. La mariposa debe esperar a que se sequen sus alas para poder volar.
3. La mariposa vuela lejos.

Palabras para saber e índice

animales (los)
páginas 10,
11, 16, 17,
18, 19, 23

animales adultos (los)
páginas 19, 23

**cambios de
la mariposa (los)**
páginas 20-21, 23

colores (los)
páginas 6-7, 22

conjuntos (los)
páginas 12-13, 23

crías (las)
páginas 18,
19, 23

estaciones (las)
páginas 14-15,
16, 23

grande
páginas 10-11,
23

partes (las)
páginas 8-9

pequeño
páginas 10-11, 23

respuestas (las)
páginas 5, 22-23

Impreso en Canadá